Zottel

begegnet dem König der Wälder

Erzählt von Mario Covi
Bilder von Hildrun Covi

FAVORIT BUCH

FAVORIT-VERLAG · RASTATT

Zottel, der kleine zimtfarbene Bär vom Namenlos-See, mußte viel lernen, um im kanadischen Wald zurechtzukommen. So war er eines Tages wieder mal ziemlich weit um den See gelaufen. Er hatte vor, endlich zu der lockenden schönen Waldwiese am anderen Ufer des Sees zu gelangen. Als er aber durch einen lieblichen Birkenhain wanderte, bekam er Lust, auf einen dieser Bäume zu klettern. In einer Astgabel setzte er sich bequem zurecht und freute sich über den herrlichen Ausblick. Über einer der nahen Inseln kreiste ein Fischadler. Er konnte sogar das Nest der Adlerfamilie erkennen, das auf dem abgebrochenen Wipfel einer Fichte gebaut worden war. In diesem großen Horst sitzen bestimmt die jungen Fischadler und warten auf Futter, dachte der kleine Bär ganz richtig. Etwas später sah Zottel eine Schar Gänse, die mit viel Geschnatter auf dem Wasser landete. Es waren Kanada-Graugänse. Papa Bär hatte ihm das erklärt.

covi

Was aber nun geschah, davon hatte ihm weder Papa noch Mama etwas erzählt. Der kleine Bär hörte nämlich mit einem Male ein äußerst seltsames Geräusch. Woher kam es nur? Und was hatte es zu bedeuten?
Er hörte die schnatternden Graugänse. Irgendwo zankten sich ein paar freche Streifenhörnchen, und die Vögel zwitscherten fröhlich. Nur dieses fremdartige „Raff-raff-raff!", wo kam das bloß her!
Da spürte Zottel ein Zittern durch den Baum laufen. Erschrocken schaute er nach unten und erblickte ein Tier, das er nie zuvor gesehen hatte. Es saß auf einem ganz flachen Schwanz und war eifrig dabei —, ja, das durfte doch wohl nicht wahr sein! Dieser verrückte Geselle war tatsächlich dabei, die Birke, auf der Zottel saß, umzulegen. Mit seinen langen Vorderzähnen hobelte er — raff-raff-raff! — am schlanken Stamm der Birke.

covi

,,He! Aufhören!" rief Zottel. Doch unbekümmert hobelte und nagte der Kerl weiter, und der Baum fing bereits an, zu schwanken.
,,Hallo, Sie komischer Waldschrat! Was soll das denn!" schrie Zottel. Unbeirrt arbeitete der fleißige Geselle weiter, daß die Späne flogen. Nun brüllte Zottel aus Leibeskräften: ,,He, Sie wildgewordener Hobelheini, hier oben sitzt doch jemand!"
Da hörte das Tier endlich auf, seine Nagezähne in den Stamm zu schlagen. Verdutzt schaute es nach oben und sagte: ,,Tut mir leid, kleiner Bär, konnte ich doch nicht ahnen, daß du da oben im Baum hockst. Ich brauche frische Äste für unsere Biberburg."
,,Ach, Sie sind also ein Biber?" fragte Zottel höflich von oben. ,,Richtig, kleiner Bär, ich bin ein Biber. Ich heiße übrigens Max. Kannst ruhig du zu mir sagen." Und er grinste freundlich nach oben, so daß Zottel die riesigen Nagezähne sehen konnte.

covi

Der kleine Bär versuchte, vorsichtig vom Baum zu klettern. Aber kaum rührte er sich, fing die Birke an, sich gefährlich zu neigen. Max, der Biber, schrie: „Halt dich fest!". Der Birkenstamm ächzte und knirschte und legte sich immer schräger über das Ufer des Sees. Da rief Max: „Timber!", wie das alle Holzfäller in Kanada tun, wenn ein Baum umfällt. Zottel jedoch schrie: „Hilfe!!!", die Birke knackste und splitterte und fiel krachend in den See. Hoch spritzte das Wasser auf. Dann hörte man ein Prusten und Schnauben, als Zottel unversehrt auftauchte und rasch zum nahen Ufer schwamm. Dort stand Max und grinste fröhlich: „Mann! Da haben wir ja nochmal Glück gehabt, was?" So erfuhr Zottel jeden Tag mehr über das Leben im Wald und seine Bewohner. Er stromerte und strolchte kreuz und quer durch das Gelände, ohne sich zu verirren. Natürlich erreichte er auch die Wiese, die fast am anderen Ende des Namenlos-Sees lag.

covi

Als er wieder einmal an diesem lieblichen, sonnigen Flecken zwischen Wald und Seeufer ankam, packte ihn eine solche Lebenslust, daß er anfing, Purzelbäume zu schlagen. Ach, war das Leben schön! Schließlich war Zottel so müde, daß er sich zwischen die duftenden Waldblumen legte und sein Fell von der Sonne bescheinen ließ. Ein Brummer kam angeflogen und setzte sich prompt auf Zottels knubbelige Nase. Für die Fliege war diese Nase ein herrlicher Aussichtspunkt. Zottel aber wollte schlafen. Müde wischte er sich übers Gesicht. Die lästige Fliege flog hoch — und setzte sich wieder auf Zottels Nase.
„Hau ab, du blöder Brummer!" schimpfte Zottel. Er schnaufte durch die Nase, versuchte sie kraus zu machen. Die Fliege fand das komisch — und blieb sitzen. Da schimpfte er wieder: „Nun verschwinde aber endlich! Du kitzelst mich, du — ha — ha — ha-tschiiie!!!"
Das war zu viel für den sturen Brummer. Entsetzt flog er davon.

Aber kaum hatte sich Zottel im Wiesengras erneut bequem zurechtgekuschelt, saß die aufdringliche Fliege abermals auf Zottels putziger Babynase. Sollte er wieder niesen? Auf Kommando klappte es aber leider nicht. Und dauernd mit der Tatze über das Gesicht zu wischen, fand der müde kleine Bär einfach zu anstrengend. Er mußte sich damit abfinden, daß das schöne Leben durch eine aufdringliche Brummfliege ein bißchen getrübt wurde. Ärgerlich nuschelte er noch: „Du lästiger, sturer, blöder dicker Brummer ..." — Dann schlief er ein. Obwohl der fette Brummer auf Zottels Knopfnase seine Beine putzte, seine Flügel säuberte, Turnübungen und dumme Späße machte, schlief der kleine Bär so tief und fest.
Mit einem Male flitzte der lästige Brummer davon.
Ein Schatten fiel über Zottel. Er spürte die wärmende Sonne nicht mehr auf seinem Pelz und wachte auf. Er öffnete die Augen, blinzelte, schloß sie wieder und dachte: „Das kann nur ein Traum sein ..."

COVI

Als Zottel die Augen wieder öffnete, mußte er erkennen, daß es Wirklichkeit war, was da über ihm stand: ein riesengroßer Elch! Nun muß man wissen, daß der Elch der König der Wälder genannt wird. Er ist der mächtigste Hirsch der Welt und groß wie ein Pferd. Vor seinem gewaltigen Schaufelgeweih hat sogar der gefürchtete Grizzlybär Respekt. Wieviel mehr müssen die kleineren Schwarzbären, wie Papa Bär, Mama Bär und Zottel vor dem starken Elch Furcht haben. Und solch ein furchteinflößender Riese stand nun über dem kleinen Zottel und schaute aus neugierigen Augen herab. Dabei wackelten seine dicke Oberlippe und sein langer Bart, so daß der König der Wälder ein bißchen tolpatschig aussah. Zottel hätte sicherlich gelacht, wenn er auf einem hohen Baum gesessen hätte. Doch er lag auf der Erde, dem mächtigen Elch hilflos ausgeliefert.

covi

Zottel wollte vor Angst sterben. Da fragte der Elch mit einer weichen, tiefen Stimme: „Kleiner Bär, warum zitterst du so?“ Zottel wimmerte: „Ich habe Angst.“
„Du hast Angst?“ fragte der Elch verwundert. „Aber warum denn? Ich bin doch nur ein Elch, du aber bist ein Bär.“
„Ein ganz kleiner, lieber Bär“, fiepste Zottel und versuchte, sich so winzig wie möglich zu machen. Da erklärte ihm der große Elch: „Ach, weißt du, kleiner Bär, wir Elche sind zwar die Könige der kanadischen Wälder. Wir sind riesig und stark. Doch wir sind harmlose Gesellen. Wir knabbern am liebsten leckere Gräser, die im See wachsen. Und vor Bären haben wir Respekt, denn bereits als Kinder haben wir gelernt, den Bären aus dem Wege zu gehen.“

covi

Da sagte Zottel: ,,Dann brauche ich also gar keine Angst vor dir zu haben, sondern du mußt Angst vor mir haben?"
Der König der Wälder lachte und sagte: ,,Schau dir mal mein Geweih an!" ,,Au weia!" sagte da Zottel respektlos, ,,das sind ja Wahnsinnsapparate! Da könnte man ja fast drin liegen wie in einer Hängematte!" Der Elch nahm den vorwitzigen Bären beim Wort, schaufelte ihn auf sein Geweih und watete in den Namenlos-See ...
Es muß ein wirklich märchenhafter Anblick gewesen sein, der sich den Tieren am See darbot. Den frechen Streifenhörnchen Tschippi und Strippi blieb vor Schreck schier das Herz stehen. Der Fischadler traute seinen scharfen Augen nicht mehr. Die schnatternden Graugänse verstummten in ungläubigem Staunen. Und Max, der Biber, rief seine ganze Familie auf die Biberburg, damit sie seinen Freund Zottel bestaunen konnten ...

covi

covi